AF431704

NUCCIO BORGHESI

MADE IN... BRESCIA!

◆

EDIZIONI WE

Libro unico: 60/100
Serie territorio: 1/5

ISBN 979-12-5497-177-2

©2024 Edizioni WE di Nicola Bergamaschi
Via Paulli 10/A – 26015 – Soresina (CR)

www.clickpertutti.com
www.edizioniwe.com
www.facebook.com/edizioniwe
www.instagram.com/edizioniwe
info@edizioniwe.com

Introduzione

Genio o sregolatezza, cuore o cervello… ed un paio di forti mani.

C'è uno zaino colmo di un molto, che pare indescrivibile nei suoi contenuti, ma ci sono tutti i tratti iconici di una realtà.

Ovunque tu la possa considerare e ovunque tu possa prenderla, l'eccellenza bresciana anticipa i tempi con contenuti, non solo mai visti, ma addirittura inesplorati.

Gli imprenditori bresciani, come fossero pionieri, guardano avanti ed il tutto ciò che hanno, non basta anche se potrebbe bastare.

Il *domani* è l'*oggi* considerando lo *ieri*, vanto bresciano di un tempo, sempre in corsa verso un punto fermo: lo svecchiamento del consolidato.

Nel disincanto dell'elogio, atto dovuto per contrastare l'esagerazione, scopro frammenti di lungimiranza, per-

severanza ed una inaspettata competenza, che denota una cocciutaggine nel perseguire il risultato.
Questo è il **"MADE IN... BRESCIA!"**.

Creando la forma dell'impresa, pare che i bresciani cercando il loro esclusivo spazio, si siano addirittura divisi i compiti, specializzando nel frammentando, ed ognuno in definitiva ha raggiunto la specificità nel sapere fare. Questo è un puzzle incredibile di competenze, ognuna verbo essenziale di un costrutto eccellente e di un insieme che, per contro è risultato, se non unico, fra i pochi tra gli esempi possibili. Fino... e non inaspettatamente, a raggiungere il senza pari.

Questa mondialità territoriale non è individualità, ma esempio di una concretezza che dà risposte al bisogno.

Inutile dunque cercare altrove quando il tutto c'è, ma aumentare le risposte al necessario, era ed è la strada, per la vera crescita. Ovunque ti guardi attorno e vedi, fin dalle prime ore del mattino, il laborioso mettersi all'opera, non a caso o per caso, ma in un pianificato che deve necessariamente portare al risultato.

Nel voltarsi le spalle per pianificare il futuro, ti accorgi che nel vade-retro di queste genti, si raggiunge addirittura la preistoria. Lei, tratteggiata sulle pietre nei segni delle incisioni rupestri.

♦♦♦ -

Oggi come ieri, mani operose traducono ciò che il cervello genera, pensa e produce, in una realtà concreta che attraversando e superandolo **non ha tempo.**

Forse, molto prima altri bresciani hanno prodotto nella stessa forma, chissà, ma da qui… si testimonia una sostanza che è innegabile punto di partenza del **"MADE IN… BRESCIA!".**

Nel disincanto dell'elogio è errato essere riduttivi e per onestà intellettuale, bisogna essere obiettivi, in quanto ciò che si coglie non è una distanza di tempo, ma una capacità di saper fare: vanto e metodo di questo laborioso territorio.

Le eccellenze del mondo sono di tutti, ma dove le si producono, il pensiero è traduzione nei fatti dell'agito, lui frutto della sostanza di una volontà intenta a migliorare la qualità della quotidianità.

Esempi in più campi d'azione, offrono una inaspettata

raccolta, in quanto l'abitudine ad acquisire il risultato ne cela la dimensione reale di quell'impatto che pare scontato.

Nelle bollicine vi è il territorio, le serrature aprono porte su sentieri lontani, il distretto dei metalli produce materie prime essenziali per lo sviluppo e la ricerca che non è mai un tentativo fatto a caso.

Ma è quel piccolo plus che è un passo da gigante nel futuro del vivere.

A Brescia si percorrono la partenza e l'arrivo di migliaia di miglia, laddove rombano i motori provenienti da ogni dove.

Nel bresciano, al di là delle azioni dell'uomo vi è anche un territorio con specchi d'acqua rigogliosi, figli di una natura molto più che bella.

Esempio ne è Sirmione, laddove *...la lingua della terra si inoltra nelle vene del lago, che salivando profumi ed essenze... tra aghi di luce... producono eterne meraviglie.* Lì risuonano anche echi di voci liriche e culturali, sono come note espresse nel meraviglioso paesaggio. Laghi usati, fiumi tortuosi che dalle valli scendono verso il grande fiume e tutt'intorno vette che si elevano nei ghiacci perenni, fino a scendere nel morbido sollevato della Franciacorta e nella pianura, la quale è tutt'altro che piatta.

Dal mattino presto alla sera tardi il "**MADE IN... BRESCIA!**" elabora e produce un piccolo passo verso il domani.

Nei dettagli dello zaino, si possono trovare concrete impronte di mani che si asciugano il sudore, in una stanchezza mai stanca di progredire. Ci sono pure il rinomato pasticcere e la prima fabbrica della birra come una maglia azzurra con una striscia bianco candido a forma di vi.

E poi vi è una filosofia che è quella che se c'è bisogno di fare, si fa! E che se c'è bisogno di aiutare si aiuta.

La disponibilità certa di esserci è garanzia di queste genti, nell'autorevole serietà del verso nella parola data.

Sregolatezza o genio, cervello o cuore... ed un paio di mani forti, laddove nessuno si sente escluso.

Buona lettura da Nuccio Borghesi!

MADE IN... BRESCIA!

*Grazie alla vita a cui sono eternamente grato
per avermi concesso gli occhi di un lettore
e per avermi donato il modo di inchiostrare queste pagine.*

Nuccio Borghesi

Il Peso nello Zaino

Per quanto possa sembrare illogico, attraversando i meandri del poco possibile, tipico dei periodi più bui, lo zaino del tessuto bresciano si è riempito di tante cose ben fatte.

Nel ciò nonostante, questa tenacia costruttiva elabora costanti soluzioni e non si siede mai sugli allori nel benessere assoluto, figuriamoci se lo fa o lo farebbe, nei periodi di crisi.

Dal minimo di Dalton alla luce più splendente, tra alti e bassi e con concorrenti che spuntano da ogni dove, le gesta del polo Bresciano hanno determinato la specializzazione avanzata e francamente dentro lo zaino vi sono eccellenze stratosferiche.

Dal grissino alle mini valvole, dai rubinetti ai transfer, dagli attacchi per i lampadari ai pregiati vini, dalle attrezzature per la ristorazione alle formaggelle, tutto con passione, dedizione e senza mai dimenticare il fattore tradizione.

Vi è poi un elemento forte che nello zaino non è per nulla trascurabile: sono le donne bresciane che attraverso la loro determinazione vivono il pari di genere con assoluta presenza. E l'unione è da sempre forza!

I cambiamenti della società che sono da sempre in atto, hanno mutato la vita sociale del territorio, dimostrando che le abitudini invecchiano in base ai bisogni delle comunità.

Il salotto bene della società è di primaria importanza rispetto al benessere della singola persona, quindi quanto sembra regressione, risulta essere invece socialità.

Etnie diverse sono spuntate donando mani ai cervelli con mentalità a confronto, laddove chiudersi sarebbe inappropriato oltre che una evidente sconfitta.

La difficile integrazione però è utile alla crescita, in quanto laddove mancano risorse, bisogna saperle coinvolgere.

All'interno dello zaino vi è anche uno spazio per il futuro da sempre grande incognita dell'uomo.

Nella aziende e nelle istituzioni bresciane esistono

progetti a lungo termine, espressione di studi e di evoluzioni di là da venire. Vi è un ampio cassetto di realizzazioni intelligenti, da porre sul mercato nel momento in cui vi sarà una richiesta avanzata.

L'essere avanti vuol significare il **non avere fretta**, ma dare al tempo del pensiero lo spazio per aggiustare il progetto iniziale e trasformarlo da idea nel fare concreto è cosa saggia.

Quantunque tutte queste considerazioni possano sembrare banali è l'attenzione a tutti i particolari a fare la differenza, i quali non sono considerati dettagli, ma sostanza. Ecco perché nei dettagli dello zaino vi è uno spazio vuoto che lascia intravedere l'impronta di e tutto quel nuovo che avanzerà.

Nel mondo del **"MADE IN... BRESCIA!"**, l'importanza delle piccole cose denota un'attenzione spasmodica, quasi maniacale nell'ottenere il meglio del meglio al fine del risultato. Qui, come per le donne, nello zaino vi è l'aspetto della condivisione, strumento essenziale per ogni miglioramento possibile.

Non vi è peso per lo zaino, servono forze e costanza e, soprattutto, nei tempi moderni una credibilità sempre migliore sia nei prodotti che nei servizi.

Un aspetto fondamentale è il rispetto dell'ambiente che spesso cozza con le necessità produttive.

Pure qui, risulta necessario respirare pulito per ragionare pulito, in quanto il vero profitto è l'equilibrio tra tutti i bisogni.

Consegnando simbolicamente agli uomini del futuro questo zaino, in cui certamente qualcosa avrò dimenticato, significo il desiderio di vedere attuare competenze sempre più particolari, in quanto spesso il fatto di sembrare fuori dal mondo, apre proprio scenari unici ed inaspettati.

Crederci sempre… non mollare mai.
E… se c'è da dare, diamo e se c'è da fare, facciamo.

GIORNO DOPO GIORNO

Attraversando il tempo non remoto del mio vivere nella brescianità, vi è un **excursus** ondeggiante di un insieme di difficoltà e gioie che si sono alternate lungo il percorso.

Chi scrive è un signor nessuno che nella quotidiana esperienza… ha potuto raccogliere il suo punto di vista. Mai il verbo è assoluto, ma ciò che ti colpisce nel vivere, ti appartiene per esperienza vissuta e va contestualizzato per essere ciò che ogni giorno divieni.

La passione e l'orgoglio di essere bresciano non sono relativi, proprio per ciò, però divengono più austere e critiche dal dentro, per un ovvio timore reverenziale di peccare di presunzione.

Così scorrendo la fine degli anni sessanta, in cui da bimbo infante ho vissuto alcuni eventi epocali, (vedi ad esempio la conquista della luna), ricordo con nostalgia la povertà, che donava l'obbligo di ingegnarsi in ogni dove, persino e non in fondo, nel gioco. Con una palla di carta scocciata si passavano ore ed ore a fantasticare.

Poi arrivarono gli anni settanta quelli dell'austerity, quelli della fine imminente del petrolio, quelli di un'inflazione molto più che galoppante che a rilento procedeva a targhe alterne. Io con gli schettini al centro della strada, gli imprenditori tutti con la grande preoccupazione di un cambiamento mai visto. Affrontare il problema, senza tirarsi indietro e trasformarlo in opportunità, organizzarsi a puntino, prendendo il toro per le corna e fare di necessità virtù ne fu l'azione determinante!

Qui la forza del **"MADE IN... BRESCIA!"** divenne un raggruppamento a sostegno di tutti!

COME?

In quei giorni, ho visto mani operose galoppare nella buona lena per gli scantinati, come ho visto socialità attorno ad un fare univoco e ho visto una lotta nel bisogno epocale, fatta di silenziosi sorrisi, dove tutti nel vicinato del quartiere si radunavano in quel fare operoso della gente del territorio a cui appartengo.

In quell'epoca di forte insicurezza **vi fu** una notte di grande speranza, come **vi fu** un giorno buio e **vi fu** un lungo tempo per rialzarsi da un mai vissuto da gestire. Ma, poi, **vi fu** il retro della medaglia che fece emergere stili improntati al consumismo ed al raggiungimento di una migliore qualità della vita.

Da bambino a fanciullo e poi adolescente **vi fu** un se importante: se la Milano era da bere, Brescia era da gustare.

Come per una fenice di natura sociale ed economica, negli anni ottanta, spuntarono molte iniziative rendendo dinamismo al fare, così che dagli scantinati fiorirono molte imprese.

Da quei tempi duri si imparò anche a mettere il fieno in cascina per gli investimenti futuri, la dove **il sacrificio già marcato** divenne regola di vita.

Avvenne anche il porre in campo un fattore apparentemente laterale, ma di notevole valore aggiunto al "**MADE IN... BRESCIA!**": l'attenzione all'estetica diede smalto e lustro, in quanto il bello sommato all'efficienza divenne un mix esplosivo. LA QUALITÀ... PAGA!

Passo dopo passo, uno stile unico prese piede e rese consapevoli i bresciani che, ogni dettaglio non è trascurabile. Il brioso fare iniziò a dare un distinguo particolare ed io seppur sempre fanciullo, divenni quasi adulto. Al mio fianco, sorsero interi villaggi e la vita sociale aiutò molti, nel sogno della casa.

Nessun dettaglio della brescianità è lasciato al caso, ieri come oggi.

E… non solo… così tanto per guardare avanti, dal teleriscaldamento si passò alla lungimirante combustione dei rifiuti.

Insomma, sia nel privato come nel pubblico, il **"Made in… Brescia!"** cresceva, eccome se cresceva e pure io, invisibile ed in tutto ciò, crebbi.

Giunsero gli anni novanta, i quali sono bene rappresentati fisicamente dall'elevarsi del Crystal Palace, che, fra tutti gli elementi della skyline, fu primo a superare il limite d'altezza dei cento metri e, come se non bastassero la città e la provincia, sorse tutt'intorno a lui Bresciadue.

Nella fine del millennio tanto celebrato, l'emblema dei

passaggi di questo costante sviluppo, risulta tracciato in ogni dove: aree industriali ampie e servite entrano sempre più a fare parte dell'arredo urbano delle località della provincia ed il valore dei piccoli passi ha sedimentato quel fare che porta lontano dell'andare avanti giorno dopo giorno.

Di fronte, si presenta e vi fu l'inizio del nuovo millennio, dove il tempo non remoto del mio vivere trovò continuità nello straordinario fare e non contendere del **"MADE IN... BRESCIA!"**.

La Grande Salita

Quando appartieni al mondo quel che accade nel mondo ti colpisce e coinvolge.

Giunse il duemila e nel primo decennio di quel tanto sperato e nuovo periodo giunse la metropolitana in città, che dopo anni di progettazione e tra mille critiche, iniziò a farci vivere anche sottoterra. Ma il vero sottoterra fu la crisi mondiale del **DUEMILASETTE**, una recessione per tutte le economie che nel senza scampo per nessuno, ha fatto bene comprendere il collegamento fra tutti i mondi.

Vi furono tentativi ed interventi di salvataggio per sollevarne il peso, si aveva di fronte uno scenario difficile e non indifferente.

Adeguare i bilanci, ristrutturare i piani finanziari, ponderare ogni dettaglio, anche se già abituati a non averne, via gli sprechi, partendo dalla semplice biro e soprattutto unirsi nello stringere le maglie anche sui bisogni veri; solo lo stretto necessario per intenderci.

Il fare sacrificio non ha spaventato il **"Made in...
Brescia!"**, la mancanza di prospettive decisamente **sì.**
Le conseguenze di quella crisi furono gravi (qualcuno
dice piuttosto) e per tanti versi continuano ancora negli
scenari attuali.

Se ogni esperienza ci forgia, quel periodo tolse il son-
no a chi già era abituato a dormire poco, ma quel comportamento portò anche a congetturare con fondamento
il porsi in modalità smart, per… ed… in ogni campo.

Il **"Made in... Brescia!"** in quel periodo sentì il peso
dello zaino produrgli il fiato corto. Ma nessuna tristez-
za si insinuò: su le maniche e darsi da fare.

Come se non bastasse nel "venti-ventuno", arrivò pure
la pandemia con, tra i tanti morti, le ambulanze nel si-
lenzio, le distanze sociali necessarie e l'impreparazio-
ne a un evento simile che colpì duro. Nonostante le in-
certezze era una situazione che doveva essere conte-
stualizzata in ogni comportamento ed in ogni dove: fu
fatto.

Così si misero al centro le Persone e dopo le prime due
Prodotto e Posizione di mercato giunse, quindi, la terza
"Pi".

Vidi tutti nel "lottando" e pronti a rialzarsi per scavalcare la vetta. Ma dopo la salita vi è sempre la discesa e il fatto di avere affrontato simili situazioni, gettando il cuore oltre l'ostacolo, ha reso consapevole della sua straordinaria forza… il **"MADE IN… BRESCIA!"**. Dentro tutto questo, nel tutti noi, uno come nessuno, pure io.

Mi guardo attorno e vedo la bellezza conquistata, non diamola mai per scontata e con la salita nelle gambe ancora doloranti elogio con emozionante orgoglio quanto costruito dai contemporanei della mia terra.

Mi guardo attorno nel senza paragoni in quanto amo il morbido sollevato variegato della terra in cui sono nato, cresciuto e stato fortunato di potermela gustare dai suoi laghi alle sue montagne, con la visione semantica del poeta che forse un giorno diverrò.

Mi guardo attorno e posso dire con certezza assoluta che… il **"MADE IN… BRESCIA!"** è un marchio dall'esperienza unica.

Siamo

"Made in... Brescia!"... Napoli, Palermo, Canicattì, New York, Tokyo, Alesund!

Non siamo tutti uguali e ognuno di noi è unico: indiscutibilmente!
E ognuno di noi ha le sue prerogative.
Ma quando apparteniamo ad un modo di essere **siamo.**

Nello spirito di collaborazione a confronto il **"Made in... Brescia!"** accetta ogni tipo di sfida e nel sapere fare, basta guardarsi attorno, per capire lo stato di avanzamento dei lavori.

Vi sono pure errori, non nascondiamoli sotto il tappeto volante dell'elogio, ma vi è la consapevolezza dell'intervenire e la si rende prioritaria.

A tale proposito, vedasi la questione dell'inquinamento, dei bilanci di sostenibilità in fase di attuazione e quel rinnovamento dei macchinari, sempre più affiancati da una robotica d'appoggio.

Non trascurando altri fattori importanti, in merito alla formazione, dal passaggio generazionale e alla conduzione famigliare si è migrati alla managerialità condivisa, laddove la frammentazione delle competenze è sempre più un'opportunità per le nuove generazioni: **basta impegnarsi.**

Nel **"MADE IN... BRESCIA!"** i giovani imprenditori e non, hanno il piglio e l'impegno gravoso di scardinare il vecchio nel verso del nuovo e laddove non riescono le persone fanno avanzare al loro fianco, tutti gli automatismi possibili.

Non ho mai citato i singoli, ve ne sono di super eccellenti, pure l'uomo più veloce del mondo, ma non l'ho fatto perché… il **"MADE IN... BRESCIA!"** è il… **siamo!**

"MADE IN... BRESCIA!"… Napoli, Palermo, Canicattì, New York, Tokyo, Alesund con il futuro davanti!

Stemperare nel Fare

Nella massima concentrazione per fare bene, risultano essenziali le pause.

Pirlo e spensieratezza, coffee break e di tanto in tanto una pennichella mentale, la quale al di là del suo termine romanzesco... offre respiro.

Essere impegnati a testa bassa e sempre di corsa con un panino per pranzo ed assillati nel pronti via necessita un rallentamento adeguato all'impegno.

Nel sommo sommare dei progetti e dei rapporti con il resto del mondo, non si può dimenticare il resto, tra cui però vi è anche il sé stessi.

Così, attorno allo spasmo del fare, sono sorti luoghi e momenti canonici, quelli che io chiamo le zone industriali derivate per il lieto tempo della spensieratezza.

Nelle varie stagioni, le piazze, i laghi, i monti e le vette, sono tessuto vissuto nello sfogo liberatorio del rica-

ricare le energie, così che il territorio è divenuto pale-
stra del concetto…

Mens sana in corpore sano!

La Sfida dell'Intelligenza Artificiale

Brescia, la capitale del fare è consapevole che ogni impegno assunto deve accettare le sfide che esso comporta. Ci mancherebbe!!!

Conta, però, sapere utilizzare gli strumenti possibili come tali.

Artificiale o no, l'intelligenza è un dono, e quindi l'uomo non si farà **mai prevaricare** dall'uso degli strumenti a sua disposizione, in quanto la modernizzazione non scavalcherà **mai** chi la progetta. Soprattutto ed in definitiva per quel soggetto o imprenditore che… accetta l'evoluzione senza essere destabilizzato e che per contro… dalla quale ne prende spunto per crescere.

Argomento attuale e spinoso, quanto intrigante nel di fronte del suo avanzare… **l'intelligenza artificiale.**

Nuove competenze, salita, fatica. studio, comprensione delle possibilità e volontà d'esperienza mai sperimentata, sono nel DNA pionieristico del **"Made in…**

BRESCIA!" che… non teme affatto questo confronto.

Contestualizzare l'argomento è quindi benzina per la sfida.

I nuovi ruoli possibili che ne scaturiscono, vanno vissuti come **opportunità** per l'individuo che non necessariamente deve essere produttivo a tutti i costi, anzi, spesso sono i progetti tradotti nei fatti che stimolano e conducono alla necessità di un lavoro non solo ad-personam, ma di gruppo. E il sapere lavorare in team è sempre stato un punto di forza della brescianità.

Non sembrerebbe, ma a guardare bene e a esempio… eccellenze nei software sempre più evoluti sono già presenti e sperimentate sul campo, dove ogni realtà non è mai uguale all'altra.

Sono in atto verticalizzazioni che nell'eccellenza bresciana, affrontano nel faccia a faccia quotidiano, fasi produttive, mercati e regole non alla pari, nonostante che, nel troppo spesso si presentano nella disparità di una falsa globalizzazione.

Allora perché farsi assalire dai dubbi e spaventarsi, invece di guardare avanti?

Studiare, analizzare, applicare per trasformare; la sfida va vissuta come una grande opportunità, quindi accettata. Ed in questo **non mollare mai e farsene carico con grande senso di raffronto**, ne esce grande personalità che… vuole anche significare una nuova visione: è quel cambiamento generazionale automatico che non è solo un fatto di risorse umane… ma pure aziendale.

Ai miei tempi… di questi tempi… nel futuro dei tempi… il fatto di realizzare più precocemente i progetti, anticipandone i tempi, enuncia che… **l'intelligenza artificiale** è braccio e non mente pensante, ma è mente che mente, nello spaventare chi non ha la giusta conoscenza progettuale dello strumento.

Brescia, la capitale del fare, è al corrente che l'impegno profuso accetta le sfide, soprattutto quelle non vinte in partenza e si impegnerà di sicuro fino a che le stesse verranno contestualizzate per la crescita.

Dulcis in fundo… **intelligenza artificiale**: meglio un braccio in più che… uno in meno!

Fa e Disfà le Tot Laurà!

La capitale del fare, così mi piace nominare la città in cui sono nato, non è mai distratta nella sua appartenenza territoriale.

Il **"Made in... Brescia!"**, il quale echeggia in tutto il mondo, è ben rappresentato anche da un passato, da un presente e sicuramente lo sarà anche in futuro, da persone eccellenti.

Come già scritto non mi piace elevare i singoli in quanto **noi siamo**, ma a prescindere basta osservare e si trovano bresciani capaci in ogni campo nei loro ambiti personali. Arrivano in cima alle vette più elevate della cultura e delle capacità mondiali, attraverso impegno, dedizione, nel coltivare seminando, aspettando, curando e poi raccogliendo. Tipico comportamento evoluto del contadino.

La cultura agricola nella provincia non è da meno di tante altre competenze, laddove la vite, i laghi, così come i monti producono buon vino buon formaggio e del buon pesce tutto da gustare.

Il Salmerino, pesce tipico del lago d'Iseo lo si pesca nella giusta stagione ai confini di un'isola, la più grande dei laghi europei, che è di fatto un monte che si eleva dall'acqua: piccolo lago, grande isola. Cura e dedizione al tempo e nel tempo giusto.

I simbolismi di grandezza bresciana presentano una stranezza, non amano farsi notare. Sono, poi, i prodotti, sia della terra che dell'industria ad aver quell'eccellenza, pensata nel giusto fare, con quella maniera corretta di darci dentro, con la visione di riuscire a migliorare gli strumenti per le condizioni di vita.

Quando hai bisogno di qualcosa, i bresciani hanno tutte le risposte in casa propria, senza andare a cercare altrove.

Nel respiro del loro vivere, grazie agli inverni con tanta neve per poter sciare, le estati ai laghi per poter balneare e in primavera come in autunno la possibilità di fare passeggiate in piste ciclabili che dalla città si portano nei meandri della provincia, permettono di passare quel tempo libero dopo il grande impegno settimanale, in modo sereno oppure audace.

La bellezza del territorio non è tanto legata alla anormalità, anzi gli spazi sono comuni come in molte altre località, ma il fatto di avere un territorio esteso che presenta pianura, zona prealpina, alte vette fino ad un ghiacciaio e ai margini ci sono "tre ponti", Pontevico, Ponte di Legno e Ponte Caffaro quale modalità geografica che ne traccia il territorio della provincia in maniera variegata.

Il **linguaggio dialettale** con tutte le sue svariate forme, la dice lunga sulla tenacia della popolazione. La parlata dimostra un carattere deciso, talvolta addirittura rozzo e ci sono località laddove questo tipo di linguaggio risulta addirittura molto chiuso. Cito questa situazione perché il modo di essere è pensante, che fa capire la provenienza di una popolazione che tra suoni di campane, chiese che si ergono sulle pendici dei monti, come santelle che spuntano colorando il piatto della terra, donano al fare un sentiero decisamente prelibato per vivere la quotidianità soprattutto quando il tempo lo concede.

Non sono il tanto o il poco che contano, ma il potere e riuscire a fare a prescindere.

Traducendo il titolo del capitolo: **fare e disfare è tutto lavorare...** ma, sinceramente, è molto, molto meglio fare.

Andiamo Oltre

Lascio uno spazio disponibile, in quanto, così come già anticipato, di certo ho omesso qualcosa. Ho anche la consapevolezza che lo incontrerò pure non avendoci fatto caso e nel di fronte a lui, **m'inchinerò**.

Lo farò, non tanto per averlo dimenticato ma nel verso del suo elevato.

Quando l'argomento è vasto e di carattere soggettivo, ogni punto di vista ha la sua rilevanza, pertanto accettando **"l'io avrei fatto così"**, mi piace pensare che lo stimolo procurato possa avere mosso l'appartenenza.

Nell'ampiezza del **"Made in... Brescia!"**, il modo di essere è un'onda che si propaga oltre il territorio che senza confini si espande in una managerialità dai livelli sempre più cangianti.

Saper leggere dove stai andando nell'arrivando, nello sconfinato mai vissuto prima d'ora, rende stimolante ogni attimo che vivi, in quanto il presente è già futuro.

Non mi sarei mai aspettato di rivivere tanti incontri di vita con gli imprenditori bresciani, di osservarli da un altro punto di vista, di vederli in volto con quegli sguardi decisi derivanti dalle certezze delle loro convinte decisioni.

Li ho visti nel durante alterarsi, tirare le sedie per le arrabbiature, come li ho visti sorridenti nei loro risultati, **ma mai** li ho visti seduti sugli allori, anzi!

Di tutte le esperienze di scrittura, quanto rimane nel dopo è sempre oggettivamente un dono. Rileggere più volte lo scritto e ritrovarsi nelle emozioni come nei contenuti reali e metterli a confronto è un risultato eccellente dal punto di vista del percorso creativo effettuato.

Ne vado orgoglioso!

Fine.

POSTFAZIONE

Giunto nel dopo del privilegio di una postfazione adeguata, si possono trovare le dimenticanze, quelle che non sono arrivate oggettivamente nei momenti delle emozioni che… nello scrivere ti fanno provare… il brivido nella schiena.

Eppure sei sempre lungo quel percorso, ogni volta che prendi tra le mani il tuo scritto e sei sempre a disposizione di metterlo a confronto con tutto il resto del mondo.

In un libro, nulla è mio, nulla è di qualcuno da solo, ma è quel "di tutti" che trova immensità nel dono della scrittura e del sapere leggere.

Quindi un libro non si conclude mai nell'inchiostro posto sulla carta, ma vive eternamente nelle eco delle emozioni che trasmette nel tempo e il suo svolgimento è in una non banale condivisione.

La Scintilla

Nulla accade per caso.

Quindi non si incontrano mai le persone per caso.

A volte basta un attimo e tutto scorre come se fosse un sempre. Mai e poi mai avrei pensato di esternare quanto prodotto in queste intense righe, laddove la misura non conta, ma la sostanza determina.

Ho vissuto queste emozioni, ripercorrendo spazio e tempo dei luoghi in cui sono abituale trascorrere il mio vivere, pertanto… ho raccolto dai miei sensi la visione di quelle luci profonde, come ho sentito rumori ed odori tipici della mia terra. Un battito vibrante mi ha coinvolto.

Non passa giorno che non vi sia un attimo in cui non torno ai pensieri improntati dal mio cervello nel verso dell'inchiostro, cogliendo e sentendo costantemente che ho percepito una verità. Lei, testimoniata nella realtà oggettiva di ogni quotidiano che si possa vivere rispetto al **"Made in... Brescia!"**.

Giunto sul finire, significo che… se fino a qui non ho mai parlato di singoli, ora vi è da porre in campo un atto dovuto, come un pensiero particolare ed anche un gesto doveroso.

Tutti questi comportamenti vanno nel verso dell'autorevole figura imprenditoriale del **Sig. Alvise Mori**, colui il quale è stato la scintilla per tutto ciò.

E che scintilla!!!

Il Progetto

Volevo significare un lungo pensiero dedicato al territorio in cui ho vissuto per parecchi anni, laddove sto ancora vivendo emozioni incredibili. Il fare quotidiano e gli incontri di ogni giorno con più o meno autorevoli personaggi dell'industria bresciana e funzionari capaci di tradurre le loro volontà, mi ha permesso di raccogliere emozionanti momenti talvolta divenuti aneddoti. Che opportunità questa!

Nel progetto della scrittura immediata ho preso così un libro vuoto e l'ho reso unico grazie allo spunto sorto durante una presentazione che sottolineava l'esperienza di un'azienda rilevante.

Seduto tra i partecipanti e circondato da convinzioni forti e nel bello, ho raccolto non tanto l'ispirazione, quanto la volontà di testimoniare la verità del **"Made in... Brescia!"**.

Così nel giro di una trentina di giorni ho pensato ad un progetto che potesse attraverso lo scorrere del tempo, testimoniare eventi epocali e taluni aneddoti, al fine solo ed unico di elevare la capacità propria dell'imprenditoria bresciana.

Nella ricerca di contenuti che potessero sorreggere l'opera, ho trovato con viva sorpresa molti spunti ragionevoli fino a giungere al timore di essere troppo di parte rispetto a quanto stavo considerando.

Così nel diritto di cronaca è uscita la sostanza di una memoria attraversata da fatti concreti, fino a divenire a tale punto qualcosa di vivo che tutt'oggi pulsa dentro ed attorno a me.

Ho faticato a decidere la pubblicazione, ho lasciato sedimentare e ho letto più di una volta i contenuti. Non modificandoli mai mi sono accorto che l'espressione di quanto scritto in quest'opera è lo specchio raro e vero di un territorio che comprende tra le molte cose la straordinaria capacità di vivere il futuro da parte degli imprenditori bresciani.

I quali corrono sempre lungo la linea di progetti che cercano il nuovo che avanza attraverso l'oltre della mera visione imprenditoriale.

Conclusa l'opera ho iniziato a guardarmi attorno trovando riscontro oggettivo a quanto scritto. Oppure a quanto dimenticato nell'enfasi di una scrittura immediata che è, però, il sincero raccolto di un frutto, vissuto e che ogni giorno si può ancora vivere.

Nonostante la trasformazione, nonostante la tecnologia che avanza, nonostante, nonostante, vi è un perché nei sogni degli imprenditori che vanno sempre oltre la realtà visibile e vivono nella proiezione che si slancia addirittura oltre l'impossibile.

Come non osare or dunque... lo scrivere?

Nuccio Borghesi

COS'È UN LIBRO UNICO?

È una forma creativa che cattura le emozioni, attraverso la scrittura contemporanea alla costruzione nell'immediato del tema proposto. Quando si scrive su un libro unico non si può tornare indietro, le pagine si susseguono non dando possibilità di correzione, pertanto nella stesura, l'attenzione alla forma e alla sostanza del menabò è e deve essere… puntuale all'inverosimile.

L'esperienza di scrittura in questa maniera, mi ha fatto raggiungere a tutt'oggi il 60° libro unico, quello del "**MADE IN… BRESCIA!**", pronto per offrirvi tutte le riflessioni del caso sulla straordinaria esperienza costruttiva dei bresciani.

Nuccio Borghesi

Note sull'Autore

Nuccio Borghesi è eclettico e dinamico imprenditore in campo della riorganizzazione logistica ed aziendale.

Scrive libri da molti anni e ha in corso un progetto di scrittura di getto, giunto tutt'oggi a tre quarti del difficile percorso intrapreso, composto dalla stesura di cento libri unici.

Convinto che la creatività sia un progetto che corre lungo la linea del tempo talvolta si cimenta nella stesura estemporanea della poesia, soprattutto negli incontri casuali.

Sposato da quarant'anni e padre di due figli ormai adulti, dice che i figli crescono troppo in fretta.

Vive da sempre tra il lago d'Iseo e la Franciacorta ed è solito incrociarlo in quei di Ponte di Legno.

Adora la normalità quotidiana mai abitudinaria e le lunghe camminate.

CREATIVO e VULCANICO, modera spesso l'enfasi dell'ispirazione facendola sedimentare nel tempo.

Ha come obiettivo principale il trasmettere le proprie esperienze.

Il valore in cui crede principalmente è l'onestà intellettuale e non.

INDICE